[新版]

虐待(ぎゃくたい)とDV(ドメスティック・バイオレンス)の
なかにいる
子(こ)どもたちへ

ひとりぼっちじゃないよ

［著］チルドレン・ソサエティ
［監修］堤かなめ
［訳］アジア女性センター／本夛須美子

明石書店

本書の制作にあたり、
バーミンガムの Lyncroft House Refuge の女性と子どもたちに
ご協力いただいたことを感謝いたします。

Hitting and Hurting: Living in a Violent Family
by Fran Pickering

Copyright © 2000 by The Children's Society
The Japanese language edition published
by Akashi Shoten Co., Ltd.
under license from The Children's Society

もくじ

この本はあなたのためにあります　4

おうちで何がおこっているの？ ……………………………… 7
わたしの気もち ………………………………………………… 15
暴力の影響――わたしはどうなるの？ ……………………… 27
かんがえてみよう ……………………………………………… 37
おうちのなかを変えよう ……………………………………… 43
将来のこと ……………………………………………………… 55

おとなのためのページ　63

どこに助けをもとめればいいの？　67

【参考資料】児童虐待に関する社会の動き　77
　　　　　コラム1　児童虐待対応件数　83
　　　　　コラム2　児童虐待の定義　85

監修者あとがき　88

装画／本文イラスト　林　幸子

この本はあなたのためにあります

もし、おとながあなたをたたくようなら、

もし、おにいさんやおねえさんがあなたをたたくようなら、

もし、自分が話すことばや、自分がすることに、
いつも気をつかわなければならない、
そんなおうちに、あなたが住んでいるとしたら、

おうちの人が、誰かをたたいたり、けったり、
なぐったりする、そんなおうちに、
あなたが住んでいるとしたら、

もし、おとうさんか、おかあさんの恋人が、おかあさんをたたいて、
おかあさんが、しょっちゅうけがをしたり、青あざがあったり、
骨折したりするようなら、

もし、おとうさんが、おかあさんに暴力をふるって、
あなたたちが、おうちに安心して住めないようなら、

この本はあなたのためにあります！

もし、友だちにこのようなことで
困っている子がいたら、

この本はその友だちのためにあります！

おうちで何(なに)がおこっているの？

あなたは、ひとりぼっちじゃないよ

おうちのなかで、誰かに傷つけられたり、おどされたりしながら
くらしていくのは、こわいことです。
そして、このことを誰にも言えないとしたら、
もっとこわいことです。

こんなことがおこったら、あなたに何ができるでしょう？
まず、はじめに知っておきたいことは、あなたはひとりではない
ということです。

同じことを経験したことのあるおとなや子どもたちのなかには、そ
のことをほかの人に話せないと思っている人が、たくさんいます。

こわい思いや、悲しい気もちを知っている人たちは、ほかにもたくさんいます。

同じような思いをしている友だちがほかにもいるかもしれません。

出口は、すぐ近くにあります。
助けは、すぐ近くにあります。

だいじょうぶだよ。
わたしたちは、あなたに何がおこっているか心配なんだ。
この本を読んでみてごらん。
あなたがひとりじゃないってことがわかるから。

おうちで何がおこっているの？

おとうさんがよっぱらっておうちに帰ってきて、
おかあさんをなぐった。
それで、おかあさんは、病院に入院することになってしまった。

おとうさんが、わたしのおもちゃをこわす。
へんな薬をのんでいて、わたしや弟に大声でどなる。
わたしたちが悪いって言うんだ。

おかあさんの恋人は、おかあさんがでかけたり、
友だちに会ったりさせないようにするんだ。
おかあさんにはお金をぜんぜん渡さないし。

おかあさんは、きげんが悪いと、わたしをたたく。

おとうさんはわたしの犬をける。わたしは悲しい。
おとうさんはいつもおかあさんに、「役立たず！」って言う。

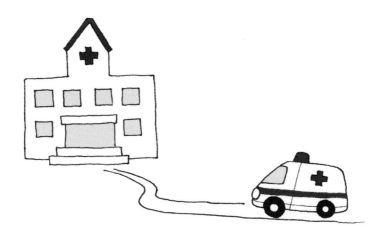

おうちで、おとながおとなをたたいたり、
いじめたりすることを
ドメスティック・バイオレンス（DV）って
いうんだよ。

これは正しいことかな？

いいえ！　いじめたり、残酷なことをするのは、
けっして正しいことではありません。誰がやってもね。
法律違反*1になることもあります。

誰かをたたくのは、悪いことです。

誰かをけったりなぐったりするのは、悪いことです。

誰かにこわい思いをさせるのは、悪いことです。

誰かがさわられたくないところをさわるのは、悪いことです。

あなたには、安全でいる、安心できる権利があります。
とくに自分のおうちではね。

＊1　国のきまりをまもらないこと。

おうちで何がおこっているの？

もし、誰かがあなたを傷つけているのなら、
ホットライン（そうだん電話）に
電話してください。　　　　　　　　⇨ 68ページからを見てね。

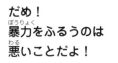

だめ！
暴力をふるうのは
悪いことだよ！

⇨ 40〜41ページを見てね。

どんなにその人のことを好きでも、
あなたを傷つけたり、
こわがらせたりするなら、
その人がやっていることは悪いことなの。
誰かがその人に、「やめなさい！」って
言わなきゃね。

わたしの気もち

こわい

あの人とおかあさんがいつもけんかしているから、
おうちに帰りたくない。

おうちが安全って感じがしない。

あの人がこわい。

おかあさんがこわい。

妹が傷つけられそうでこわい。

あの人からかくれたい。
いつもびくびくしている。あの人が次に何をするのかわからないから。

逃げたいと思うときがある。
こんなにおそろしい思いをするおうちで、くらしたくない。

おうちの階段にすわっていると、
ふたりがけんかしているのが聞こえる。

あなたのおうちでおこっていることは
まちがったことだよ。だからいつも
こわい思いをするんだね。この本を読んで、
誰かにおうちでのことを話してみて。

わたし、おこってる！

おかあさんは、おとうさんをとめられない。
おかあさんは、わたしの話を聞いてくれない。
でも、おとうさんがいないと、わたしにやさしい。

⇨ 38〜39ページを見てね。

おかあさんは、わたしたちをいつもほったらかし。
わたしたちはまだ子どもなのに。
わたしは、おとうさんの顔を一度けってやりたい。
大きらい。死んじゃえ。

⇨ 22〜23ページを見てね。

おかあさんは、自分のことでせいいっぱいで、
わたしのことは考えてくれない。
わたしは弟にやつあたりする。

わたしは、何かをこなごなにこわしたくなるときがある。
誰かあの人をひっぱたいてくれないかなあ。

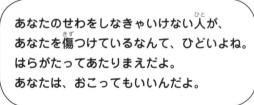

あなたのせわをしなきゃいけない人が、
あなたを傷つけているなんて、ひどいよね。
はらがたってあたりまえだよ。
あなたは、おこってもいいんだよ。

おなかが痛い

おとうさんが帰ってくるのがわかると、体のぐあいが悪くなる。

時々、ほかの人が何を言っているのか、わからなくなるときがある。

頭が痛くなって、きちんとものごとを考えられない。

宿題もできないよ。

眠れなくて、悪い夢ばかり見る。

おなかがぜんぜんすかない。

外に遊びに行く気になれない。

いつもつかれた感じ。朝起きると泣きたくなる。

おなかが痛い。

わたしの気もち

あなたが悲しくて、次に何がおこるかこわくて心配だと、
あなたの体もぐあいが悪くなるんだよ。
誰かに伝えてみてごらん。
もし、あまりうまく言えそうになければ、
この本を誰かに見せて、「この子はわたし」って言ってもいいんだよ。

自分の気もちがわからない

頭のなかがいっぱいになって、わあって泣きだしたい気もち。
おとうさんだから、好きだと思うこともある。
時々はやさしいんだけど。でも、おこっているときは、大きらい。

泣くこともできない。
笑うこともできない。
何も感じられない。

気もちがごちゃごちゃになって、自分の気もちがわからない。
何も感じられない。
それって、誰にでもおこることなのかなあ。

わたしは、だいじょうぶって答える。
でも、本当はそうじゃない。
おとうさんが好きだけど、
おかあさんをぶつのは
やめさせたい。

わたしは混乱している。

ぜんぶわたしが悪い？

わたしがすることは、ぜんぶ悪い？
わたしは、いつもびくびくしている。
あの人は、わたしたちが遊んだり、さわいだりするのが好きじゃない。
わたしが何をしても、あの人はきげんが悪い。

わたしはいつもひとり。
あの人をいちばんきらっているのは、わたし。
おかあさんは、わたしにやつあたりする。
わたしの車いすが外ではうまく動かないせいで、
おうちから逃げられないって言うんだ。

きっとわたしが悪いからだ。
いい子にしようとしているんだけど。
ぜんぶわたしが悪い？
わたしは、ここにいるしかない。
わたしが悪いの？

それはちがうよ。
あなたが悪いんじゃないよ。
あなたはあなたのままでいいんだよ。
友だちと遊んだり勉強したりする
権利があるんだよ。
あなたがあなたのままでいるってことに
誰もおこったりできないんだよ。

わたしの責任？

わたしは、いつも小さい弟や妹のせわをさせられる。

わたしは学校に行けない。
おかあさんに何かあったらたいへんだから。

わたしはあの人をとめようとしたこともあるけど、
そうすると、あの人はもっとおかあさんをぶつ。

小さい弟や妹には見せたくない。
わたしが何か悪いことをすると、
あの人は、おかあさんをぶつ。

わたしがおうちにいれば、
あの人はおかあさんをぶたないかもしれない。
おかあさんは、がんばることができないから、
わたしが小さい弟や妹のせわをする。

わたしの気もち

あなたは、ぜんぶのめんどうを
みるなんてできないよ。
あなたは悪(わる)くない。
助(たす)けを呼(よ)ぶことだってできるんだよ。

わたしに何ができるの？

わたしに何ができるの？
わたしはまだ子どもなんだよ。
どうしたらいいかわからない。

⇨ 34～35ページを見てね。

あなたができること：
あなたの気もちを絵にかいたり、文にしてごらん。
好きなおもちゃを見つけて、
いつも持っておくといいよ。
話そう！ 話そう！ とにかく話してみよう！
話すことはOK！
あなたの知っている好きなおとなの人に、
話してごらん。

おとなの人にこう言ってごらん。
「話したいことがあるの」
おもいきって言ってごらん。
「おとうさんがおかあさんをぶつ。
それはいや」って。
友だちに話してごらん。
きっとあなたの気もちをわかってくれるよ。

⇨ 68 ページからを見てね。

暴力の影響
わたしはどうなるの？

本当にはずかしい

わたしは時々、おもらしをする。

おかあさんがいなくなっちゃうかもしれないから、
おかあさんのそばをはなれられない。

わたしは、よく泣く。

わたしは、食べた物をもどしてしまうことがある。

わたしは、学校で指をしゃぶる。
小さい子たちがからかうけど、やめられない。

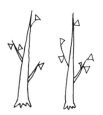

友だちに、おかあさんの傷を見られたくない。

夜中に叫び声を上げて、眼が覚めてしまうことがある。

わたしはただ、家族にふつうになってもらいたいだけ。

学校がいや

わたしは、勉強に集中できない。
おうちのことばかり考えてしまう。
学校では、目立たないようにしている。
そうすれば、誰もわたしのことには気づかないから。
宿題のことで、先生にいつもしかられる。
でも、わたしはとってもつかれていて、宿題ができない。

学校で、わたしはいじめられている。

学校には行けない。みんなが、わたしのうでの傷を見るから。
きょうも行けなかった。

先生たちは何も知らない。
わたしのことをおとなしい子だと思っているかもしれない。
それとも、のろまな子だと思っているかもしれない。
もしかしたら、いじめっ子だと思っているかもしれない。

おうちで何がおこっているのか、
先生に話してごらん。
そうしたら、先生たちは、あなたを
助けることができるかもしれない。

誰にも言えない

誰も信じてくれない。

恥ずかしくて誰にも言えない。
もし話してしまったら、おうちにいられなくなるかもしれない。

おとうさんを困らせたくない。

話せない。話すと、もっと悪くなる。
だって、それでなくても外国人って
呼ばれているから。

ほかの人からかわいそうだと思われたくない。
おかあさんは、近所の人たちに知られたくないと思っている。

もし話したら、おとうさんはわたしを殺すかもしれない。
おとうさんは、「これは家族の秘密だぞ」って言ってる。

⇨ 68ページからを見てね。

勇気を出してごらん。
誰かに話すことは悪いことじゃないんだよ。
先生や近所の人、
友だちのおかあさんやおとうさん、
おばあさん、おじいさんなど
ちゃんと聞いてくれそうな人に
話してごらん。

どうしたらおかあさんを助けることができる？

この本を見せてあげてね。
あなたが抱きしめてあげて。

おうちから逃げることだってできるんだよ。
こわいところから逃げて、次に何をすればいいか考える時間だって必要なんだ。
おかあさんやあなたにとって安全な場所があるよ。
　　　　　　　⇨ 44〜47ページをおかあさんに見せてあげてね。

おかあさんは、警察におとうさんを
しばらく遠ざけてもらうこともできるんだよ。

そうすれば、おうちから急いで
逃げなくてもいいんだよ。

いまのあなたの気もちを、おかあさんに話してごらん。
もし、おかあさんが、わからないって言ったら、

「わたしの気もち」というページを見せてあげて。

⇨ 15〜25ページをおかあさんに見せてあげてね。

「おかあさんの気もちを聞いてくれる人がいるよ」って
言ってみてごらん。

⇨ 68〜69ページをおかあさんに見せてあげてね。

> もし、誰かがあなたやおかあさんを傷つけているのなら、
> これは、かくしてはいけないことなんだよ。
> ずっとかくしていると、暴力がつづくから。
>
> おかあさんとあなたは、助けてもらうことができるんだよ。

かんがえてみよう

おかあさんは、なぜ黙っているの？

おかあさんは、なぜがまんしているの？
おかあさんは、なぜあの人がわたしたちを傷つけるのをとめないの？
おかあさんは、なぜ逃げないの？
おかあさんは、なぜこんなつらいことをわたしたちにさせるの？

おかあさんは恥ずかしいのでしょう。
誰にも知られたくないのかもしれません。

あの人が変わってくれると思っているのでしょう。
だから、あの人をゆるしてしまうのかもしれません。

おかあさんは、自分が悪いと思っているのでしょう。
だから、おかあさんは、あの人が「ごめんなさい」とあやまると、
それを信じてしまうのかもしれません。

かんがえてみよう

おかあさんは、どうやってひとりで子どもを育てていけばいいのか
わからないのでしょう。
子どもたちを連れて逃げるところがあることを、知らないのかもし
れません。

もしかしたら、おかあさんは、日本語をあまりじょうずに話せない
ので、家を出るのがむずかしいのかもしれません。

もしかしたら、おかあさんは、とてもこわがっているので、
きちんと考えることができないのかもしれません。

おかあさんは、あの人が後を追ってきて、
もっと傷つけるかもしれないと思うと、
逃げるのがこわいのかもしれません。
みんなが、安全になれるところはあるのでしょうか？

おかあさんに、「ひとりではないよ」と、伝えてごらん。
出口を見つけた人たちもいます。
おかあさんにもきっとできます。

⇨ 44〜47ページをおかあさんに
　見せてあげてね。

あの人は、なぜそんなことをするの？

おとうさんは、おかあさんをなぐるのをやめるでしょうか？
おとうさんは、あなたを傷つけるのをやめるでしょうか？

なぜ、あなたは、おかあさんの恋人をこわがらないといけないのでしょうか？

人が、暴力的になるのは、次のような理由があるからです。

♠ 怒りや恐れなど自分の気もちとのつきあい方がわからないのです。
♠ 自分をこわがる人に対しては、態度が大きくなるのです。
♠ 暴力はいじめです。暴力をふるう人たちは、人を自分の思うとおりに動かそうとします。
♠ 暴力をふるう人がいる家庭で育ったので、それをあたりまえだと思っている人がいます。
♠ 暴力をふるってもかまわないと思っています。
♠ 相手の気もちや考えが気にいらないと、相手を非難します。
♠ 人のことをうらやましがったり、ひどくくやしがったりします。
♠ 自分の感情を人にうまく伝えることができません。

かんがえてみよう

でも、どんな理由があっても、
ほかの人をなぐったり傷つけたりすることは、
けっしてゆるされることではありません。

⇨ 44〜45ページを見てね。

ほかの人をたたいたり、傷つけたり、
おどしたりすることは、
おとながすべき行動ではありません。
こんなことは、やめさせなければいけません。

おうちのなかを変えよう

暴力をふるう人は、もう近づけない

おかあさんは、助けをもとめに行きました。

⇨ 68ページからを見てね。

もし、誰かが、法律に違反することをしていたら、
やめさせることができるのです。

裁判官は、おとうさんだけに、
ひとりで家を出るよう言い渡しました。
おとうさんは、しばらくのあいだどこか別のところに
住まなければいけません。

もし、おとうさんが家に帰ってきて、わたしたちを傷つけたら、
おかあさんは、警察を呼ぶことができます。
警察は、おとうさんが近寄らないよう手伝いをしてくれます。

おとうさんにも、いつか安全なところで、
会うことができるかもしれません。

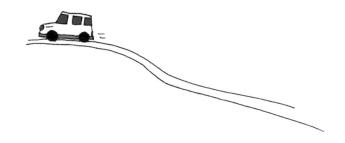

わたしたちはおうちを出た

わたしたちは、急いでおうちを出た。
わたしたちは、いまシェルター*2にいる。

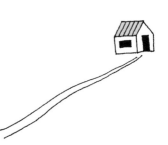

わたしたちが、ここにきたとき、
女の人が、この部屋に案内してくれた。
いま、おかあさんとその部屋にいる。

台所やお風呂は、ほかの家族といっしょにつかう。

わたしのおかあさんは、ほかのおかあさんたちといっしょに、
ごはんを作ってくれる。

*2 夫や恋人からの暴力などのため傷ついた女性と子どもたちが安心して心とからだを休めるための緊急避難所のこと。

おうちのなかを変えよう

ここでは、自由に話ができる。

ほかのおかあさんや子どもたちといっしょにごはんを食べる。
ここで、あたらしい友だちができた。
ここでは、遊んだり、さわいだりできる。

住所は秘密なので、
あの人が追いかけてくることはない。

安心できるから、前よりぐっすり眠れる。

> シェルターに来て、よかったね。
> ここは安全。安心して眠ったり遊んだりできるね。

何もかも変で、うまくやれない

シェルターなんかきらいだ。
何もかもおうちとはちがっている。
何がおこっているか、次に何がおこるのか、わからない。
何をどうすればいいのかわからない。

あたらしい学校に転校しなくちゃいけない。
友だちできるかなあ。
何がどうなるのか誰も教えてくれない。

⇨ 52〜53ページを見てね。

どれくらいここにいなくちゃいけないの？
ここには、たくさんの人たちがいる。
混乱してしまう。
何もかもおうちとはちがっている。

あわただしくおうちを出て、
あたらしいことばかりなので、
とても不安だよね。
やらなくちゃいけないことが
いっぱいあるけれど、
少しずつ明るい気もちになれるといいね。

とても悲しい

おとうさんに会えなくてさみしい。
おとうさんが、おかあさんをなぐったのはわかっているけれど、
やっぱりおとうさんに会いたい。
ここでは、あまり話ができない。
みんなの前で泣くのはいやだから。

友だちに会えなくてさみしい。
さようならを言う時間もなかったんだ。

おとうさんに見つからないようにするため、
おばあちゃんも、わたしたちがどこにいるのか知らないんだ。

おもちゃもゲームも持ってこられなかったんだ。

とても悲しい。とても苦しい。
心のなかがからっぽだ。

大事なものを失うって、とても悲しいよね。
どんなに悲しいか、誰かに話してごらん。
いま、あなたの心にうかんだことを絵にしてごらん。

次に何が？

もう、こわい思いをする必要はないんだよ。
楽しく遊んでいいんだよ。

安心してゆっくり眠っていいんだよ。

おかあさんのからだのぐあいや気分がよくなるといいね。

あたらしいおうちが早く見つかるといいね。

あたらしいおうちで、あたらしい友だちと遊べるといいね。

おかあさんが、みんなの生活を変えてくれたので、
安全になりました。
おかあさんには、生活をもっとよくするチャンスがあります。

将来のこと

わたしはしあわせになれるの？

そうです。なれます。
暴力や悲しみがすべてではありません。
痛くてひどい傷だって、いつかは治るでしょ。
あなたの心のなかも、同じです。

誰かに話すことで、
少し心がかるくなるかもしれません。
つらいことを乗りこえたら、
友だちとまた楽しく遊べるようになるでしょう。
おばあちゃんやおじいちゃんと、
おでかけできるようになるでしょう。
あなたとおかあさんは、
あたらしい生活を始めることができるでしょう。

楽しいことは
たくさんあるよ。
つらかったことだって
忘れることができるよ。

もう暴力はいやだ

こんなことは、二度とおきてはいけません。
あなたは選べるのです。
この本を読むか、読まないかを自分で選べます。
あなたが決めていいのです。
もし誰かが、「おまえはばかだ」とか、「おまえなんかだめだ」とか言っても、
そのことを聞くことも聞かないこともできるのです。

もし友だちが、あなたに命令したりいじめたりしたら、
いやだと言うことができます。
もっといい友だちを見つけることもできます。
それはむずかしいかもしれません。
でも、何をするかは自分で決めていいのです。
自分の考えは自分のものです。
自分で選ぶことができるのです。

そのちょうしだよ。
何が正しいか、何ができるか、
あなたにはわかっているのだから。

おとうさんのようになりたくない

おとうさんは自分の行動に責任があります。
誰かに命令されて人をたたくのではありません。
たたくことを自分が選んでいるのです。

おとうさんが暴力をふるうからといって、
あなたも、そうなるわけではありません。

長いあいだ暴力のなかにいると、人の心はいつか爆発してしまいます。

心が爆発しないように、自分の気もちと向き合えるようになるのはむずかしいことですが、少しずつ気もちをそとに出す方法があります。

♠ 誰かに話すと、自分のほんとうの気もちを理解するのに役立ちます。気もちがもっと楽になる方法が、見つかるかもしれません。
♠ あなたのことをよく知っているおとなや友だちに、自分の気もちを話してみてください。
♠ ぬいぐるみやペットに話してみてもいいのです。
♠ おこっているからといって、絶対に飼っている動物をたたいてはいけません。それは、ペットのせいではないのですから。
♠ 気が楽になるのだったら、まくらをたたいてもいいのです。
♠ 公園など広いところを走り回ってごらん。
♠ 紙をぐちゃぐちゃに丸めて、なるべく遠くへ投げてごらん。

怒り、恐れ、ねたみは、強い気もちです。
あわのように、心のなかにブクブクとわいてきます。
このような気もちをもつのは、普通のことです。
でも、その気もちのために誰かをたたくことは、あってはなりません。

忘れないで。
自分で選べるんだよ。
どうやって心のなかのブクブクを出すか、
自分で選べるんだ。
だけど、そのあわを、
けっして誰かに向かってぶつけてはいけないんだ。

おとなのためのページ

ドメスティック・バイオレンス（DV）は、子どもであれ、大人であれ、そこで暮らすすべての人たちに影響を及ぼします。DVは、あらゆる国、民族、社会階層で起こっていて、深刻な問題です。

子どもたちは、直接的に、あるいは間接的に暴力を受ける可能性があります。DVのある家庭のうちおよそ7割の家庭では、子どもも虐待されています。

DVは、恥ずかしさのため秘密にされがちです。暴力について話すことはタブーなのです。しかし、この問題を隠したり無視したりすることは子どもにダメージを与えつづけ、暴力の連鎖を生むことになります。

この本は、家庭で暴力を受けたり目撃したりした（している）子どもたちのために作られました。

暴力という秘密を持っている子どもたちがこの本を読むことで、誰かに話すようになることができるかもしれません。この本は、自分の感情を理解し、それが自分の過ちではないことを明確にし、自分のなかのむずかしい感情に向き合う方法を伝えるものです。

子どもたち、親、親戚、友だち、教師、養護教諭ほか、児童福祉関係者などにとって、この本が役に立つと幸いです。

注意してください！

この本は、「診断用」ではないことに気をつけてください。それは、この本に書かれている行動や感情を表す子どもたちは、DVではなく別の理由でそうしているかもしれないからです。

どうか次の点に注意して、この本を利用してください。

★ 子どもが読みたくないようであれば、無理に読ませないでください。
★ 子どもが話したくないようであれば、無理に話させないでください。ただしその後、子どもが話したいようだったら、よく聴いてあげてください。
★ 「ききたいことは何でも質問していいよ」と安心させてあげてください。
★ 子どもがこの本をひとりで読みたいと思っているようであれば、そうしてあげてください。
★ 子どもが受けている暴力について話すかもしれません。心の準備をしておいてください。
★ もし子どもが、あなたが知らないことを質問したら、「調べてから答えるね」と言ってあげてください。
★ 子どもの話に動揺しすぎたり、過剰反応したりしないでください。子どもはもっと困惑したり失望したりするでしょう。
★ いつも子どもの気もちを真剣に受け止めてください。
★ 他に手伝ってくれそうな人に話すときは、子どもの了解を得てください。

もし子どもが虐待についてあなたに打ち明けたら、あるいは、子どもが虐待を受けているのではと思うに足る理由があれば、あなたの懸念を明確にすることができる機関（地元の福祉関係の機関）に相談してください。　　　　　　　　⇨ 68〜76ページを見てください。

子どもの意見は尊重され考慮されなければいけません。子どもに問題解決のあらゆる過程で、意見を求めたり、情報を伝えたりしなければなりません。

この本は、大人の手助けがなくても読めるようにしていますが、小さい子どもには、大人が読んであげることもできます。

この本は、DVの渦中にある子どもが経験する様々な状況や感情を想定しています。しかし、すべての子どもが同じ経験をしたり同じように反応したりするとは限りません。自分の経験の受け止め方は、子どもによって違います。DVのことを知らない子どもたちにとって、この本は、暴力のなかにいる子どもの状況を理解するのに役立つでしょう。

どこに助けをもとめればいいの？

忘れないで。あなたはひとりではないのです。
あなたを助けたり、あなたの話を聞いてくれる人たちがいます。
次のところに電話することができます。

♥相談できる人

信頼できるおとなに相談することができます。
- 先生
- おばあちゃんか、おじいちゃん
- おばさんか、おじさん
- おかあさんやおとうさんの友だち
- 友だちのおかあさんや、おとうさん
- 友だち
- あなたが通っている教会の人
- おまわりさん
- スクールカウンセラーの先生
- 保健室の先生

おかあさんは、次のところに相談することができます。
(地域によって名称がちがいます)

- 役所の家庭相談室や福祉課など
- 地域の保健所
- 配偶者暴力被害者支援センター（各都道府県にあります）
- 女性相談所（婦人相談所、各都道府県にあります）
- ホットラインをもつ民間団体
- 弁護士
- 警察署
- 法務局

♣ 各都道府県の女性相談所

都道府県の女性相談所	相談電話番号
北海道立女性相談援助センター	011-666-9955
青森県女性相談所	017-781-2000
岩手県福祉総合相談センター	019-629-9610
宮城県女性相談センター	022-256-0965
秋田県女性相談所	018-835-9052
山形県婦人相談所	023-627-1196
福島県女性のための相談支援センター	024-522-1010
茨城県女性相談センター	029-221-4166
とちぎ男女共同参画センター	028-665-8720
群馬県女性相談所	027-261-4466
埼玉県婦人相談センター（DV相談室）	048-863-6060
千葉県女性サポートセンター	043-206-8002
東京都女性相談センター	03-5261-3110
東京都女性相談センター多摩支所	042-522-4232
神奈川県立女性相談所	0570-550-594
新潟県女性福祉相談所	025-381-1111
富山県女性相談センター	076-465-6722
石川県女性相談支援センター	076-223-8655
福井県総合福祉相談所	0776-24-6261
山梨県女性相談所	055-254-8635
長野県女性相談センター	026-235-5710
岐阜県女性相談センター	058-274-7377
静岡県女性相談センター	054-286-9217
愛知県女性相談センター	052-962-2527
三重県女性相談所	059-231-5600
滋賀県中央子ども家庭相談センター	077-564-7867
京都府家庭支援総合センター	075-531-9910
大阪府女性相談センター	06-6949-6022
兵庫県立女性家庭センター	078-732-7700
奈良県中央こども家庭相談センター	0742-22-4083
和歌山県女性相談所	073-445-0793
鳥取県女性相談所	0857-27-8630
島根県女性相談センター	0852-25-8071
岡山県女性相談所	086-235-6060
広島県こども家庭センター	082-254-0391
山口県男女共同参画相談センター	083-901-1122
徳島県中央こども女性相談センター	088-623-8110
香川県子ども女性相談センター	087-835-3211
愛媛県福祉総合支援センター[子ども・女性支援課]	089-927-3490
高知県女性相談支援センター	088-833-0783
福岡県男女共同参画センターあすばる	092-584-1266
佐賀県婦人相談所	0952-26-1212
長崎こども・女性・障害者支援センター	095-846-0560
熊本県女性相談センター	096-381-4454
大分県婦人相談所	097-544-3900
宮崎県女性相談所	0985-22-3858
鹿児島県女性相談センター	099-222-1467
沖縄県女性相談所	098-854-1172

♣ 全国共通の相談先と電話番号

子どもの人権110番

0120-007-110

○受付時間：平日午前8：30〜午後5：15（全国共通・通話料無料）

学校で「いじめ」を受けて学校に行きたくない、親から虐待されている、でも先生や親には言えない……、誰に相談していいか分からない……。もしもそんな苦しみを抱えていたら、一人で悩まずに、私たちにお電話ください。法務局・地方法務局の職員、または人権擁護委員が、皆さんのお話を聞いて、どうしたらいいか一緒に考えます。相談は無料、相談内容の秘密は守ります。

* 一部のIP電話からは接続できません。接続できない場合には最寄りの法務局・地方法務局の「子どもの人権110番」（有料）電話番号におかけください。
* 法務局・地方法務局の職員又は人権擁護委員が、「子どもの人権110番」又はこれに類似する名称を用いて、個人情報を収集するようなことは一切行っておりません。法務局等からの電話に心当たりのない場合は、十分ご注意願います。
* 「子どもの人権110番」へご相談いただく際の電話番号のかけ間違いが多数発生しています。ご相談の際には、今一度電話番号をご確認いただき、おかけ間違いのないようお願いいたします。

■インターネット人権相談受付窓口（こどものじんけんＳＯＳ・ｅメール）
https://www.jinken.go.jp/soudan/PC_CH/0101.html

チャイルドライン® 18さいまでの子どもがかけるでんわ

0120-99-7777

○受付時間：月曜日〜土曜日 午後4：00〜午後9：00（全国共通・通話料無料）

チャイルドラインとは？──チャイルドラインは、18歳までの子どものための相談先です。かかえている思いを誰かに話すことで、少しでも楽になるよう、気持ちを受けとめます。あなたの思いを大切にしながら、どうしたらいいかを一緒に考えていきます。お説教や命令、意見の押し付けはしません。

* 12月29日〜1月3日はお休みです。
* 栃木・埼玉・長野からは、金曜日は午後11：00までかけられます。
* 栃木・埼玉・東京・山梨・愛知・鳥取・島根・岡山・広島・山口・徳島・香川・高知・愛媛・福岡・佐賀・長崎・熊本・大分・宮崎・鹿児島・沖縄からは、日曜日もかけられます。
* 携帯電話・公衆電話からも無料です。

■「チャイルドライン」ホームページ　http://www.childline.or.jp/

よりそいホットライン

0120-279-338

〇受付時間：24時間・通話料無料／岩手県・宮城県・福島県からは 0120-279-226 へ

どんなひとの、どんな悩みにもよりそって、一緒に解決する方法を探します。音声ガイダンスが流れます。相談したいことを選んでください。携帯電話（PHS）、公衆電話からもつながります。

1 暮らしの中で困っていること、気持ちや悩みを聞いてほしい方
2 外国語による相談（Helpline foreigners）：英語、中国語、韓国・朝鮮語、タイ語、タガログ語、スペイン語、ポルトガル語、ベトナム語、ネパール語
3 性暴力、ドメスティックバイオレンスなど女性の相談
4 性別や同性愛などに関わる相談
5 死にたいほどのつらい気持ちを聞いてほしい
8 被災者の方で困っている方

■「よりそいホットライン」ホームページ　http://279338.jp/yorisoi/

児童相談所全国共通ダイヤル

189 (いちはやく)

児童相談所全国共通ダイヤルとは……　虐待かもと思った時などに、すぐに児童相談所に通告・相談ができる全国共通の電話番号です。
「児童相談所全国共通ダイヤル」にかけるとお近くの児童相談所につながります。通告・相談は、匿名で行うこともでき、通告・相談をした人、その内容に関する秘密は守られます。

> こんなときにはすぐお電話ください。
> 「あの子、もしかしたら虐待を受けているのかしら……」
> 「子育てが辛くてつい子どもにあたってしまう……」
> 「近くに子育てに悩んでいる人がいる……」

＊一部の IP 電話はつながりません。
＊通話料がかかります。

♣ 全国の性暴力被害者支援ワンストップセンター

所在地／事業名称	相談先電話番号
北海道／性暴力被害者支援センター北海道（SACRACH‑さくらこ）	050-3786-0799 [月～金13:00～20:00（12/29～1/3は除く）]
宮城県／性暴力被害相談支援センター宮城	022-301-7830 [火・水・木・金10:00～16:00]
山形県／やまがた性暴力被害者サポートセンター	023-665-0500 [月～金10:00～21:00（祝日・年末年始は除く）]
福島県／性暴力等被害救援協力機関（SACRAふくしま）	024-533-3940 [月・水・金10:00～20:00、火・木10:00～16:00（祝日・年末年始は除く）]
茨城県／性暴力被害者サポートネットワーク茨城	029-350-2001 [月～金10:00～16:00（祝日・年末年始は除く）]
栃木県／とちぎ性暴力被害者サポートセンター（とちエール）	028-678-8200 [月～金9:00～17:30、土9:00～12:30]
群馬県／群馬県性暴力被害者サポートセンター（Saveぐんま）	027-329-6125 [月～金9:00～16:00（祝日、12/29～1/3は除く）]
千葉県／千葉性暴力被害支援センターちさと	043-251-8500 [月～土9:00～17:00（祝日は除く）。レイプなど緊急の医療受診が必要な場合は転送電話で24時間対応]
東京都／性暴力救援センター・東京（SARC東京）	03-5607-0799 [24時間ホットライン]
東京都／レイプクライシスセンターTSUBOMI（つぼみ）	03-5577-4042 [月～金14:00～17:00、（祝日は除く）]
福井県／性暴力救済センター・ふくい（ひなぎく）	0776-28-8505 [平日8:30～17:00]
長野県／性暴力被害者支援センターりんどうハートながの	026-235-7123 [24時間ホットライン]
岐阜県／ぎふ性暴力被害者支援センター	058-215-8349 [24時間ホットライン]
愛知県／ハートフルステーション・あいち	0570-064-810 [月～土9:00～20:00（祝日・年末年始は除く）]
愛知県／性暴力救援センター日赤なごや・なごみ	052-835-0753 [24時間ホットライン]
三重県／みえ性暴力被害者支援センター「よりこ」	059-253-4115 [月～金10:00～16:00（祝日・年末年始は除く）]
滋賀県／性暴力被害者総合ケアワンストップびわ湖（SATOCO）	090-2599-3105 [24時間ホットライン]

所在地／事業名称	相談先電話番号
京都府／京都性暴力被害者ワンストップ相談支援センター（京都SARA）	075-222-7711［10:00～20:00（年中無休）］
大阪府／性暴力救援センター大阪（SACHICO）	072-330-0799［24時間ホットライン］
兵庫県／性暴力被害者支援センター・ひょうご	06-6480-1155［月～金9:30～16:30（祝日・年末年始は除く）］
和歌山県／性暴力救援センター和歌山（わかやまmine）	073-444-0099［相談・医療9:00～21:30、緊急医療9:00～22:00（年末年始は除く）］
島根県／しまね性暴力被害者支援センター さひめ	0852-28-0889［火・木・土18:00～22:00］
島根県／性暴力被害者支援センター たんぽぽ	0852-25-3010［月～金8:30～17:15（祝日・年末年始は除く）］
岡山県／被害者サポートセンター（VSCO）	086-223-5562［月～土10:00～16:00（祝日・年末年始は除く）］
広島県／性被害ワンストップセンターひろしま	082-298-7878［24時間受付］
徳島県／性暴力被害者支援センター「よりそいの樹とくしま」	0570-003889［24時間受付］
福岡県／性暴力被害者支援センター・ふくおか	092-762-0799［24時間受付］
佐賀県／性暴力救援センター・さが（さがmirai）	0952-26-1750［月～金9:00～17:00（救急受診はこの限りではありません）］
長崎県／性暴力被害者支援「サポートながさき」	095-895-8856［月～金9:30～17:00（祝日、年末年始は除く）］
熊本県／性暴力被害者のためのサポートセンター「ゆあさいどくまもと」	096-386-5555［24時間ホットライン］
大分県／おおいた性暴力救援センター・すみれ	097-532-0330［9:00～20:00（祝日・年末年始は除く）］
宮崎県／性暴力被害者支援センター さぽーとねっと宮崎	0985-38-8300［月～金10:00～16:00（祝日・年末年始は除く）］
鹿児島県／性暴力被害者サポートネットワークかごしま	099-226-8341［火～土10:00～16:00（祝日は除く）］
沖縄県／沖縄県性暴力被害者ワンストップ支援センター	#7001または098-888-2060［月～土9:00～17:00（祝日は除く）］

♣ 全国のにんしんSOS相談窓口

●自治体の事業（相談電話番号等は各相談窓口ホームページをご覧ください）

所在地／事業名称	ホームページURL
北海道／にんしんSOSほっかいどう	http://www.pref.hokkaido.lg.jp/hf/kms/ninsin-sos
仙台市／せんだい妊娠ほっとライン	http://www.city.sendai.jp/fukushi/kosodate/sodan/1207767_1665.html
茨城県／すこやか妊娠ほっとライン	http://www.kids.pref.ibaraki.jp/kids/birth02_8
さいたま市／妊娠・出産の電話相談	http://www.city.saitama.jp/008/016/001/001/p032409.html
佐倉市／予期せぬ妊娠SOS	http://www.city.sakura.lg.jp/0000013786.html
習志野市／妊娠ホットライン	https://www.city.narashino.lg.jp/kosodate/ninshinshussan/ninnsinnhottorain.html
東京都／妊娠相談ほっとライン	http://www.fukushihoken.metro.tokyo.jp/kodomo/sodan/ninshin-hotline.html
小平市／妊娠SOS相談	http://www.city.kodaira.tokyo.jp/kurashi/042/042250.html
神奈川県／妊娠SOSかながわ	http://www.pref.kanagawa.jp/cnt/f533186
横浜市／にんしんSOSヨコハマ	http://www.city.yokohama.lg.jp/kodomo/katei/ninshinsos/
川崎市／妊娠・出産SOS電話相談	http://www.city.kawasaki.jp/450/page/0000066017.html
横須賀市／にんしんSOS	https://www.city.yokosuka.kanagawa.jp/3490/ninshinsos.html
新潟県／にいがた妊娠テレフォン	http://www.pref.niigata.lg.jp/kenko/1356748692605.html
石川県／石川県妊娠110番	http://www.pref.ishikawa.lg.jp/kosodate/05boshi/funin-soudan/ninshin110soudan.html
静岡県／しずおか妊娠SOS	http://www.s-ninshin-sos.jp/
浜松市／妊娠SOS相談ダイヤル	http://www.hamamatsu-pippi.net/docs/2014021902647/
名古屋市／なごや妊娠SOS	http://nagoya.aichi.med.or.jp/nagoya-ninshinsos
三重県／妊娠レスキューダイヤルCocoaライン	http://micmie.jp/support/sos

どこに助けをもとめればいいの？

所在地／事業名称	ホームページURL
京都市／にんしんホッとナビ	http://www.ninshin-hotnavi.com/
大阪府／にんしんSOS	http://www.ninshinsos.com/
兵庫県／思いがけない妊娠SOS	http://ninshinsos-sodan.com/
鳥取県／妊娠SOS	http://www.pref.tottori.lg.jp/173962.htm
広島県／妊娠110番　メール相談	https://www.pref.hiroshima.lg.jp/soshiki/248/ninsin110-soudan.html
香川県／かがわ妊娠SOS	http://www.kagawa-ninshinsos.com/
福岡県／にんしんSOSふくおか	https://www.fukuoka-kango.or.jp/kenmin/sos
久留米市／妊娠ほっとライン	https://www.city.kurume.fukuoka.jp/1050kurashi/2060hokeneisei/3020boshihoken/2012-0531-0854-469.html
佐賀県／妊娠SOSさが	http://www.pref.saga.lg.jp/kiji00331159/index.html
熊本市／妊娠に関する悩み相談電話	https://higomaru-call.jp/faq/CCFaqDetail.asp?id=2398
大分県／おおいた妊娠ヘルプセンター	http://www.oitaninsin-hc.com/index.html
宮崎市／思いがけない妊娠相談ルームあいのて	http://miyazaki-city.mamafre.jp/archives/service/ninshin-soudanroom-ainote/
沖縄県／妊娠SOS・女性の悩み相談	http://www.pref.okinawa.jp/site/hoken/kenkotyoju/boshi/jyoseikenkoushiensenta.html

●自治体の事業とは別で妊娠SOS相談を受けている団体

所在地／事業名称	電話番号
東京都／円ブリオ基金センター	0120-70-8852［火・木10:00〜16:00］
東京都／にんしんSOS東京	03-4285-9870［16:00〜24:00 年中無休］
名古屋市／一般社団法人ライフホープネットワーク	0120-565-257［10:00〜20:00］
熊本市／医療法人聖粒会　慈恵病院	0120-783-449［24時間受付］
熊本市／一般社団法人スタディライフ熊本　ハートtoハート	0120-810-425［24時間受付］

♣ その他の相談窓口

●法的トラブルにお困りの方……
法テラス（日本司法支援センター）

0570-078374

IP電話からは 03-6745-5600、受付時間：平日 9：00 ～ 21：00、土曜 9：00 ～ 17：00

法テラスは、国が設立した法的トラブル解決の総合案内所です。
法テラスでは、お困りごとに応じて、問題を解決するための法制度や手続き、適切な相談窓口を無料でご案内します。また経済的に余裕のない方には、無料法律相談をご案内します。

■「法テラス」ホームページ
　http://www.houterasu.or.jp/index.html

●生活の安全に関する不安や悩みは……
警察相談専用電話

#9110

犯罪や事故の発生には至ってないけれど、ストーカーやDV・悪質商法・近隣や職場でのトラブルなど、普段の生活の安全や平穏に関わる様々な悩みごとや困りごとを抱えていませんか。そのようなときには、警察相談専用電話＃9110にご相談ください。全国どこからでも、その地域を管轄する警察本部などの相談窓口につながります。そして、警察では問題解決に向けて、相談者の要望などを尊重しながら様々な対応を行います。

【参考資料】

児童虐待に関する社会の動き

1933（昭和8）年　経済恐慌や凶作の中、児童が家計を助けるための道具として扱われていることなどを背景として「児童虐待防止法（旧法）」が制定されました。軽業、見せもの、曲芸、物売り、物乞いなどに保護者や親が児童を使うことが禁止されました。

1947（昭和22）年　「児童福祉法」の制定に伴い、「児童虐待防止法（旧法）」は廃止されました。児童虐待に関しては、児童相談所の権限として、立入調査、家庭裁判所の承認を得て行う児童の施設入所措置等が盛り込まれました。当時の児童虐待の背景には絶対的な貧困と、儒教的家父長的家族制度に基づいた我が子を「私物」とみなす考え方があったとされています。

1973（昭和48）年　厚生省が「児童の虐待、遺棄、殺害事件に関する調査」を実施。

1976（昭和51）年　大阪府児童相談所が「虐待をうけた児童とその家族の調査研究」を実施。

1983（昭和58）年　児童虐待調査研究会が、日本児童問題調査会の援助で全国164ヵ所の児童相談所が1年間に取り扱った被虐待児の調査を実施。

1988（昭和63）年　全国児童相談所長会が「家庭内虐待調査」を実施。同会は、その後、「家庭内虐待調査」（1996年）、「全国児童相談所における家庭内虐待調査」（1997年）、「児童虐待相談のケース分析等に関する調査研究」（2009年）などの調査研究を行って

1）児童虐待に関連する法令・指針・手引き・通知等については、http://www.mhlw.go.jp/stf/seisakunitsuite/bunya/kodomo/kodomo_kosodate/dv/hourei.html を参照されたい。
厚労省ホームページ http://www.mhlw.go.jp/bunya/kodomo/dv12/01.html （最終アクセス日 2016年8月14日）
石田雅弘「児童虐待の現状について【概要】」『奈良文化女子短期大学紀要』第43号、2012年11月
政府広報オンライン http://www.gov-online.go.jp/data_room/publication/ （最終アクセス日 2016年8月14日）

います。[2]

1989（平成元）年　国連総会で「児童の権利に関する条約」が採択されました。その第19条1には、「締約国は、児童が父母、法定保護者又は児童を監護する他の者による監護を受けている間において、あらゆる形態の身体的若しくは精神的な暴力、傷害若しくは虐待、放置若しくは怠慢な取扱い、不当な取扱い又は搾取（性的虐待を含む。）からその児童を保護するためすべての適当な立法上、行政上、社会上及び教育上の措置をとる」と明記されました。初めて国際条約の中に子ども虐待やネグレクトが明記されたことは画期的なことでした。

1990（平成2）年　厚生省が、「児童相談所における虐待を主訴とする相談処理件数」の公表を始めるようになりました。

　　また、従来の行政機関だけでなく、民間団体による取り組みも活発化し、大阪で「**児童虐待防止協会**」が設立されました。翌年には、東京で「**子どもの虐待防止センター**」が設立され、1995（平成7）年までには和歌山、栃木、愛知、埼玉に同様の民間団体が設立されました。その後も各地で民間団体の設立が相次ぎ、医療、保健、福祉、法曹、教育関係者等が活動の中心になり、子育てに悩む親や虐待されている子ども自身からの電話相談、虐待を受けた子どもや虐待をしてしまう親の法的な弁護、さらには、虐待防止に関する研究活動や研修会の開催など、多様な活動が行われるようになってきました。また、民間団体が都道府県と協定を結ぶことで、子ども虐待の予防や早期発見、適切な対応を図るため、互いの立場を尊重し密接に連携協力するところも現れています。

1996（平成8）年　厚生省が、子ども虐待対応における機関連携を推進するため、北海道、栃木県、神奈川県、愛知県、大阪府、山口県、香川県、北九州市の8道府県市において「**児童虐待ケースマネージメントモデル事業**」を実施。さらに、厚生省は、「**子ども虐待防止の手引き**」を作成し、学校、保育所、保健所、警察、民生・児童委員（主任児童委員）等、関係機関による児童相談所への通

2）　全国児童相談所長会の調査一覧については、http://www.zenjiso.org/research を参照されたい。

【参考資料】

告等を促しました。

　大阪で「**日本子どもの虐待防止研究会**」が結成され（2004（平成16）年に「日本子どもの虐待防止学会」に改称）、以後、毎年学術集会が開催されるなど、職域を越えた全国規模の学究的な取り組みも始まりました。

1997（平成9）年　「**児童福祉法**」が制定後50年ぶりに大幅に改正され、児童相談所が施設入所等の措置を採るにあたって一定の場合には「都道府県児童福祉審議会」の意見を聴取することとされ、児童相談所における措置決定の客観化を図るとともに、複雑・多様化する子ども家庭問題に児童相談所が的確に対応できるよう児童相談所を専門的にバックアップする仕組みが講じられました。

　さらに、同法の改正では、地域に密着したきめ細かな相談支援を通じて問題の早期発見・早期対応を図るための「**児童家庭支援センター**」が創設されました。

　また、児童福祉法について解釈の明確化を図るとともに、子どもの福祉を最優先した積極的な取り組みを促す通知が発出されました（「児童虐待等に関する児童福祉法の適切な運用について」平成9年6月20日付厚生省児発第434号厚生省児童家庭局長通知）。

1998（平成10）年　虐待問題に対する市町村による広報啓発活動や児童相談所における夜間休日の対応体制の必要性等を盛り込んだ通知「児童虐待に関し緊急に対応すべき事項について」が出されました（平成10年3月31日付児企第13号厚生省児童家庭局企画課長通知）。

　また、同時に法改正や子ども虐待の増加等に児童相談所が的確に対応できるよう「児童相談所運営指針」が大幅に改定されました。

　地方自治体における子どもの権利を擁護するための取り組みも活発化し、神奈川県で「子どもの人権相談室事業（子どもの人権審査委員会）」、東京都で「子どもの権利擁護システム（子どもの権利擁護専門員）」がスタートしました。

1999（平成11）年　厚生労働省が、児童相談所や児童福祉施設における対応のあ

79

り方について、具体的に解説した「子ども虐待対応の手引き」を作成しました。その後、この手引きは、2005（平成17）年、2007（平成19）年、2009（平成21）年、2013（平成25）年と、改正版が作成されています。

5月18日には、18歳未満の子どもに対する性的搾取や性的虐待が子どもの権利を著しく侵害し、子どもの心身に有害な影響を及ぼすことから、児童買春や児童ポルノに係る行為等を禁止、処罰するとともに、子どもの権利を擁護するため「児童買春、児童ポルノに係る行為等の処罰及び児童の保護等に関する法律」（「**児童買春・ポルノ禁止法**」）が成立・施行しました。

2000（平成12）年 児童相談所に寄せられる相談が急増し、死亡事例も後を絶たず、児童虐待がますます社会問題化していることを背景に、「児童福祉法」とは別に、児童虐待への対応のみに特化した「児童虐待の防止等に関する法律」（「**児童虐待防止法**」）が、超党派の議員立法により成立・施行しました。児童虐待の定義や国民が児童虐待を発見したときの通告義務が明記されました。

また、12月に策定された「子ども・子育て応援プラン」においても、「虐待という親子間の最も深刻な事象に対応できる社会を創り上げていくことが、すべての子どもと子育てを大切にする社会づくりにつながる」との認識に立ち、「虐待により子どもが命を落とすことがない社会（児童虐待死の撲滅）」等の実現を目指し、虐待防止ネットワークの設置や児童相談所の夜間対応等の体制整備、施設の小規模化の推進や里親の拡充等について、具体的な目標を立てて、より積極的に施策を推進していくこととされました。

2002（平成14）年 厚生労働省は、虐待などにより心身に有害な影響を受けた子どもを養育する里親として、新たに「専門里親制度」を創設しました。

2004（平成16）年 「**児童虐待防止法**」が改正され、子ども虐待の定義の明確化、国及び地方公共団体の責務等の強化、児童虐待の通告義務の範囲の拡大、子どもの安全の確認及び安全の確保に万全を期すための規定の整備、児童家庭相談に関する体制の充実、児童福祉

【参考資料】

施設、里親等の見直し、要保護児童に関する司法関与の見直しなど、子ども虐待防止対策の充実・強化が図られました。

また、配偶者に暴力を振るう行為（DV）を子どもが見聞きすると、身体的虐待と同様に心の傷を負うことから、「児童が同居する家庭における配偶者に対する暴力」いわゆる「**面前DV**」は心理的虐待に当たることが明記されました。

厚生労働省は、児童虐待防止法の施行月である 11 月を「**児童虐待防止推進月間**」と位置付け、集中的な広報・啓発活動を実施するようになりました。

さらに、この年、全国 23 の児童虐待防止民間団体が集まって、互いのノウハウを交換し相互協力の民間ネットワークを作るため、「日本子どもの虐待防止民間ネットワーク」が設立されました。

2007（平成 19）年　「児童虐待防止法」と「児童福祉法」が改正され、児童の安全確認等のための立入調査等の強化、保護者に対する施設入所等の措置、児童との面会及び通信等の制限の強化等が図られました。

また、文部科学省は、「**養護教諭のための児童虐待対応の手引**」を作成し、学校の役割を明記した上で、養護教諭と特にかかわりが深い身体的虐待及び性的虐待の早期発見の視点とその対応などについて、学校現場で活用しやすいように事例を交えながら具体的に記載しました。

2009（平成 21）年　「児童福祉法」が改正され、生後 4 ヵ月までの乳児のいる家庭すべてを訪問する事業である「**こんにちは赤ちゃん事業**」（**乳幼児家庭全戸訪問事業**）など市町村が行う子育て支援の強化や、虐待を受けた児童を保護するための里親制度の拡充など、虐待の予防を含む様々なサービスが増えました。

2011（平成 23）年　「民法」が改正され、親権が子どもの利益のために行われることを改めて明確にするため、親権の規定の中に、「子の利益のために」という文言が追加されました。従来の「親権喪失」に加え、期限付きで親権を制限する「**親権停止制度**」が新設されました。

また、親権喪失などの請求権が、子ども本人や未成年後見人

81

などにも拡大され、個人だけでなく社会福祉法人などの法人も未成年後見人として選任できるようになりました。

同時に、「**児童福祉法**」の改正によって、里親に預けられている子どもや一時保護中の子どもに親権者など（未成年後見人を含む）がいない場合は、親権者などが見つかるまでの間、児童相談所長が親権を代行することになりました。

2016（平成28）年　「児童福祉法」が改正され、児童相談所の新設が東京23区にも認められ、設置が進んでいない中核市への支援が盛り込まれました。市区町村に子どもや家庭への支援拠点を設ける努力義務も課されました。

今回の見直しにともない、すべての児童が健全に育成されるよう、児童虐待について発生予防から自立支援まで一連の対策のさらなる強化等を図るため、児童福祉法の理念が明確化され、妊娠期から子育て期までの切れ目ない支援を行うために「母子健康包括支援センター」の全国展開、市町村及び児童相談所の体制の強化、里親委託の推進等の措置が講じられることになりました。

2017（平成29）年　児童相談所が保護者に対して指導する際に保護者が反発するケースもあるため、家庭裁判所の関与を強化し指導の実効性を高める目的で「児童福祉法」が改正されました。2018年度から施行される予定です。

この改正により、家庭裁判所は、児童相談所から保護者の子どもへの接し方などについて報告を受け、里親委託や施設入所などが必要かどうかを判断し、児童相談所に保護者への指導を勧告できるようになりました。また、入所の長期化を抑制するため、児童相談所の判断で虐待を受けた子どもを保護者から強制的に引き離す「一時保護」が2ヵ月を超える場合には、家庭裁判所の承認が必要となりました。さらには、子どもを虐待した保護者が子どもに近づかないよう都道府県知事が出す「接近禁止命令」の範囲が拡大され、保護者の同意なしに施に入所させた場合などに限られていたものが、同意に基づく入所や一時保護中も「接近禁止命令」を出せるようになりました。

コラム 1

児童虐待対応件数

　全国の児童相談所（以下、児相）が対応した児童虐待は、1990年以降25年もの間、連続して増え続け、2015年度には初めて10万件を超えました（2016年度の速報値は12万2578件）。

　しかし、過去最多となったのは相談件数であって、児童虐待そのものの件数ではありません。昔は、「しつけ」「指導」「家庭の問題」などと言って容認され、放置されてきたので、発見されなかったという側面もあります。

　2000年に児童虐待防止法ができ、警察が通報を受け付けるようになり、新聞やテレビでも「児童虐待」として報道されるようになってくると、同じ現象が「しつけ」「指導」ではなく「児童虐待」と、「家庭の問題」ではなく「社会の問題」と捉えられるようになってきました。潜在化していた問題が、顕在化するようになったというわけです。

　一方で、近年では、このような要因に加え、「地域社会の希薄化」「家庭の

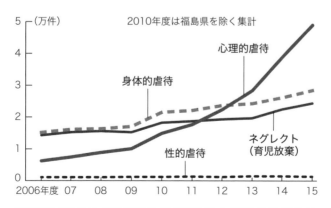

児童相談所での虐待相談の内容別件数の推移（厚生労働省）

養育機能の弱体化」など、子どもを育てる環境の悪化が複合してこのような増加となっているという見方も多くなってきています。

　この四半世紀で児童虐待対策が少しずつ前進してきたことは確かですが、ひとり親や夜間就労者、DV被害者といった様々な家庭の事情に即した支援を身近な場所で受けられる体制整備など、残された課題も多くあります。子どもたちが「自分は人から尊重されるべき大切な存在だ」ということを自覚できる機会を多くつくること、子どもたちが自分も他人も尊重する方法を知ることも重要です。

　また、児童虐待には、貧困や格差など複雑な問題が絡み合っており、社会のひずみを映す鏡であると捉えることもできます。この問題を根本的に解決するには、子どもを安心して産み育てられる社会や、ワークライフバランスの実現など、社会全体の公正性や平等性を高めることも求められています。

コラム2

児童虐待の定義

厚生労働省による、児童虐待の定義は次のとおりです。

子ども虐待については様々な定義が試みられてきたが、児童虐待防止法においては、「児童虐待」を殴る、蹴るなどの身体的暴行や、性的暴行によるものだけでなく、心理的虐待やネグレクトも含むものであることを明確に定義している。

具体的には、児童虐待防止法第2条において、「この法律において、「児童虐待」とは、保護者（親権を行う者、未成年後見人その他の者で、児童を現に監護するものをいう。以下同じ。）がその監護する児童（18歳に満たない者をいう。以下同じ。）について行う次に掲げる行為をいう。」と規定され、

ア．児童の身体に外傷が生じ、又は生じる恐れのある暴行を加えること。

イ．児童にわいせつな行為をすること又は児童をしてわいせつな行為をさせること。

ウ．児童の心身の正常な発達を妨げるような著しい減食又は長時間の放置、保護者以外の同居人による前2号又は次号に掲げる行為と同様の行為の放置その他の保護者としての監護を著しく怠ること。

エ．児童に対する著しい暴言又は著しく拒絶的な対応、児童が同居する家庭における配偶者に対する暴力（配偶者（婚姻の届出をしていないが、事実上婚姻関係と同様の事情にある者を含む。）の身体に対する不法な攻撃であって生命又は身体に危害を及ぼすもの及びこれに準ずる心身に有害な影響を及ぼす言動をいう。）その他の児童に著しい心理的外傷を与える言動を行うこと。

と4つの行為類型が規定された。具体的には、以下のものが児童虐待に該

当する。

ア．身体的虐待（第1号）
- 外傷とは打撲傷、あざ（内出血）、骨折、頭蓋内出血などの頭部外傷、内臓損傷、刺傷、たばこなどによる火傷など。
- 生命に危険のある暴行とは首を絞める、殴る、蹴る、投げ落とす、激しく揺さぶる、熱湯をかける、布団蒸しにする、溺れさせる、逆さ吊りにする、異物をのませる、食事を与えない、冬戸外にしめだす、縄などにより一室に拘束するなど。
- 意図的に子どもを病気にさせる。
 など

イ．性的虐待（第2号）
- 子どもへの性交、性的暴行、性的行為の強要・教唆など。
- 性器を触る又は触らせるなどの性的暴力、性的行為の強要・教唆など。
- 性器や性交を見せる。
- ポルノグラフィーの被写体などに子どもを強要する。
 など

ウ．ネグレクト（第3号）
- 子どもの健康・安全への配慮を怠っているなど。例えば、(1)家に閉じこめる（子どもの意思に反して学校等に登校させない）、(2)重大な病気になっても病院に連れて行かない、(3)乳幼児を家に残したまま度々外出する、(4)乳幼児を車の中に放置するなど。
- 子どもにとって必要な情緒的欲求に応えていない（愛情遮断など）。
- 食事、衣服、住居などが極端に不適切で、健康状態を損なうほどの無関心・怠慢など。
  例えば、(1)適切な食事を与えない、(2)下着など長期間ひどく不潔なままにする、(3)極端に不潔な環境の中で生活をさせるなど。
- 親がパチンコに熱中している間、乳幼児を自動車の中に放置し、熱中症で子どもが死亡したり、誘拐されたり、乳幼児だけを家に残して火災で子どもが焼死したりする事件も、ネグレクトという虐待の結果であるこ

とに留意すべきである。
- 子どもを遺棄する。
- 祖父母、きょうだい、保護者の恋人などの同居人がア、イ又はエに掲げる行為と同様の行為を行っているにもかかわらず、それを放置する。
  など

エ．心理的虐待（第4号）
- ことばによる脅かし、脅迫など。
- 子どもを無視したり、拒否的な態度を示すことなど。
- 子どもの心を傷つけることを繰り返し言う。
- 子どもの自尊心を傷つけるような言動など。
- 他のきょうだいとは著しく差別的な扱いをする。
- 子どもの面前で配偶者やその他の家族などに対し暴力をふるう。
  など

監修者あとがき

　2002年に、監修者が、ロンドン市内の「女性のためのシェルター」を訪問した際、可愛らしいイラストの小さな本が目に留まりました。原題は *Hitting and Hurting: Living in a Violent Family*。手に取って読んでみると、子どもたちに語りかける形で、家庭の中の暴力について子どもたちの目線からわかりやすく書かれているものでした。日本では類書に出会ったことがなかったため、日本に持ち帰り、明石書店の編集者、法月重美子氏に相談しましたところ、出版についてご快諾をいただきました。

　2005年1月、原書の翻訳を基本に、日本の状況に合わせて多少表現や説明を変更し、かつイラストも日本人になじみやすいものに変えた上で日本の子どもたちに役に立つ情報を加え、初版本を上梓することができました。

　初版本には、次のような嬉しい読者の反響もいただきました。

　「今苦しい立場にある子どもの目線から、未来に進んでいく様子が、やさしい言葉で語られています。苦しい状況の子にも、かつて同じ状況だった大人にも、まずは声に出してみる勇気を与えてくれる絵本だと思います。そして、今幸せと思える人でも、自分と違う状況の子どもへ手を差し伸べる勇気を持てる絵本となるでしょう」

　「子どもの心の中から、家族や家族の中で起こっていることを見ているような、そんな本です。大人から見れば、DVと子ども虐待は、支援する人も機関もちがうけれど、子どもの目から見れば、同じ暴力といじめと支配で、それを分ける言葉もないかもしれません。不幸なことに、身近な人から安全と安心を得られない多くの子どもたちにとって、小さな光となるかもしれない本です」

　この初版本の出版から、早いもので10年が経ちました。虐待やDVを取り巻く環境やその対策には多くの変化がありました。国や自治体の取り組みは、

以前よりはるかに強化されました。しかし、残念ながら、子どもや女性への暴力はいっこうに減らないままです。

　また、この10年で、福祉、法学、心理学、医学など様々な領域で、虐待やDVに関する研究が大幅に増えてきたことは大変喜ばしいことです。とはいえ、本書のような子どもに直接語りかけるような内容の本はまだ少ないため、増補・改訂版を出版する意義があると考えました。

　本書は、虐待を受けていたり、母親に対するDVを目の当たりにしている子どもたちに、混乱している自分の気持ちと向き合う方法や暴力から逃れる方法を、やさしいイラスト入りで子どもに語りかけるように伝えるものです。厳しい環境の中にあっても乗り越えられるよう、多くの子どもたちの目に触れる所に置いていただけると嬉しいです。保育園や幼稚園、学校や公共の図書館など、児童関係の施設の皆さまのご理解とご協力を切にお願い申し上げます。

　また、子ども向けに書いてありますが、大人にとっても、DVにさらされている子どもの気持ちを理解したり、どう支援すればよいかを知ることができる内容となっています。新版では、もっと子どもたちに伝わりやすいよう翻訳とイラスト全体を見直し、新たに、児童虐待に関する社会の動きについてまとめた参考資料を付しました。

　保健医療関係者、刑事司法関係者、福祉関係者など児童虐待やDVに関わる方々だけでなく、幼児に接する保育士さん、児童や中高生に接する教員の皆さんなど、子どもの支援や教育の分野で働いていらっしゃる方々にもご活用いただけることを願っています。

　結びに、再び明石書店の皆さまとお仕事をすることができると喜んでおりました矢先、初版本の出版でご尽力いただいた法月重美子氏が数年前にお亡くなりになったことを知りました。法月氏のご冥福を心からお祈り申し上げます。また、今回の新版の出版に際して、貴重なご助言をいただきました明石書店編集部の大野祐子氏に心より御礼申し上げます。

2016年11月

堤かなめ

【著者紹介】
チルドレン・ソサエティ（Children's Society 英国子ども協会）
1881年に設立され、イギリス、ロンドンに本部をもつ民間非営利団体。キリスト教の伝統に基づき、子どもと青少年の福祉の向上のための様々な事業を実施してきた。宗教や信条にかかわらず、その時代において、最も支援を必要とする子どもたちを支援することを目標にしている。現在は、ストリート・チルドレン、難民の子どもたち、障害をもつ子どもたち、法を犯してしまった子どもたちに対する支援を活動の柱としている。
http://www.childrenssociety.org.uk/

【監修者紹介】
堤かなめ（Kaname Tsutsumi）
九州国際大学・福岡女子大学元教授、福岡県議会議員。5年間の民間会社勤務を経て、九州大学大学院で社会学を学び、スウェーデンのカロリンスカ大学客員研究員、九州国際大学、イギリスのサリー・ローハンプトン大学客員教授、九州女子大学教授として、調査研究や教育に従事する。その傍ら、女性や子どもへの暴力根絶を目指す「アジア女性センター」、男女共同参画社会の実現を目指す「福岡ジェンダー研究所」の設立運営に携わる。現在は、福岡県議会議員として、教育の充実や児童虐待・DV・性暴力の撲滅など福祉の向上に取り組む。

【訳者紹介】
アジア女性センター（Asian Women's Center）
女性と子どもの人権確立と自立を支援するため、1997年に設立され、福岡で活動する民間非営利団体。外国籍女性のための日本語クラスの運営、DVやセクシュアル・ハラスメント被害者のための相談電話の提供、アジア女性の生活自立支援のための手工芸品の販売、世界の女性の現状や暴力・人権に関する講演会やセミナーの開催などを実施している。
http://www1.plala.or.jp/AWCenter

本多須美子（Sumiko Honda）
小学校教諭を経て、1999年より現在に至るまでアジア女性センターで女性と子どもの支援を行っている。2011年から2013年まで、JICAシニア海外ボランティアとして、ヨルダンで女子の体育教育に携わった。

【イラストレーター紹介】
林幸子（Sachiko Hayashi）
会社勤務にて、デザインやショップ運営のノウハウを身につけ、2016年起業。ネットショップSorawa shopを開店し、自らセレクトした雑貨や女性の手作り品を紹介している。アジア女性センターで、印刷物の作成等に携わった経験あり。イラストレーターとしても随時活動中。

新版　虐待とDVのなかにいる子どもたちへ
ひとりぼっちじゃないよ

2005年 1 月31日　初版第 1 刷発行
2016年12月25日　新版第 1 刷発行
2017年12月20日　新版第 2 刷発行

　　　　　　　　　　　著　者　チルドレン・ソサエティ
　　　　　　　　　　　監修者　堤かなめ
　　　　　　　　　　　訳　者　アジア女性センター
　　　　　　　　　　　　　　　本夛須美子
　　　　　　　　　　　発行者　石井昭男
　　　　　　　　　　　発行所　　株式会社 明石書店
　　　　　　　　　〒101-0021 東京都千代田区外神田6-9-5
　　　　　　　　　　　　　電　話　03-5818-1171
　　　　　　　　　　　　　FAX　　03-5818-1174
　　　　　　　　　　　　　振　替　00100-7-24505
　　　　　　　　　　　　　http://www.akashi.co.jp
　　　　　　　　　　　装幀　　明石書店デザイン室
　　　　　　　　　　　印刷・製本　モリモト印刷株式会社

（定価はカバーに記してあります）　　　ISBN978-4-7503-4447-8

実践に活かせる専門性が身につく！

やさしくわかる社会的養護シリーズ【全7巻】

編集代表 相澤 仁（大分大学）

A5判／並製／各巻2400円

- 社会的養護全般について学べる総括的な養成・研修テキスト。
- 「里親等養育指針・施設運営指針」「社会的養護関係施設第三者評価基準」（平成24年3月）、「社会的養護の課題と将来像」（平成23年7月）の内容に準拠。
- 現場で役立つ臨床的視点を取り入れた具体的な実践論を中心に解説。
- 執筆陣は、わが国の児童福祉研究者の総力をあげるとともに、第一線で活躍する現場職員が多数参加。

1 子どもの養育・支援の原理──社会的養護総論
柏女霊峰（淑徳大学）・澁谷昌史（関東学院大学）編

2 子どもの権利擁護と里親家庭・施設づくり
松原康雄（明治学院大学）編

3 子どもの発達・アセスメントと養育・支援プラン
犬塚峰子（大正大学）編

4 生活の中の養育・支援の実際
奥山眞紀子（国立成育医療研究センター）編

5 家族支援と子育て支援
──ファミリーソーシャルワークの方法と実践
宮島 清（日本社会事業大学専門職大学院）編

6 児童相談所・関係機関や地域との連携・協働
川﨑二三彦（子どもの虹情報研修センター）編

7 施設における子どもの非行臨床
──児童自立支援事業概論
野田正人（立命館大学）編

〈価格は本体価格です〉

イラスト版 子どもの認知行動療法

《6～12歳の子ども対象　セルフヘルプ用ガイドブック》

子どもによく見られる問題をテーマとして、子どもが自分の状態をどのように受け止めればよいのか、ユーモアあふれるたとえを用いて、子どもの目線で語っています。問題への対処方法も、世界的に注目を集める認知行動療法に基づき、親しみやすいイラストと文章でわかりやすく紹介。絵本のように楽しく読み進めながら、すぐに実行に移せる実践的技法が満載のシリーズです。保護者、教師、セラピスト、必読の書。

① だいじょうぶ自分でできる **心配の追いはらい方ワークブック**
著：ドーン・ヒューブナー　訳：上田勢子　B5判変型　◎1500円

② だいじょうぶ自分でできる **怒りの消火法ワークブック**
著：ドーン・ヒューブナー　訳：上田勢子　B5判変型　◎1500円

③ だいじょうぶ自分でできる **こだわり頭[強迫性障害]のほぐし方ワークブック**
著：ドーン・ヒューブナー　訳：上田勢子　B5判変型　◎1500円

④ だいじょうぶ自分でできる **後ろ向きな考えの飛びこえ方ワークブック**
著：ドーン・ヒューブナー　訳：上田勢子　B5判変型　◎1500円

⑤ だいじょうぶ自分でできる **眠れない夜とさよならする方法ワークブック**
著：ドーン・ヒューブナー　訳：上田勢子　B5判変型　◎1500円

⑥ だいじょうぶ自分でできる **悪いくせのカギのはずし方ワークブック**
著：ドーン・ヒューブナー　訳：上田勢子　B5判変型　◎1500円

⑦ だいじょうぶ自分でできる **嫉妬の操縦法ワークブック**
著：ジャクリーン・B・トーナー、クレア・A・B・フリーランド　訳：上田勢子　B5判変型　◎1500円

⑧ だいじょうぶ自分でできる **失敗の乗りこえ方ワークブック**
著：クレア・A・B・フリーランド、ジャクリーン・B・トーナー　訳：上田勢子　B5判変型　◎1500円

〈価格は本体価格です〉

心の発達支援シリーズ
【全6巻】

[シリーズ監修]
松本真理子、永田雅子、野邑健二

◎A5判／並製／◎各巻2,000円

「発達が気になる」子どもを生涯発達の視点からとらえなおし、保護者や学校の先生に役立つ具体的な支援の道筋を提示する。乳幼児から大学生まで、発達段階に応じて活用できる使いやすいシリーズ。

第1巻　【乳幼児】育ちが気になる子どもを支える
永田雅子【著】

第2巻　【幼稚園・保育園児】集団生活で気になる子どもを支える
野邑健二【編著】

第3巻　【小学生】学習が気になる子どもを支える
福元理英【編著】

第4巻　【小学生・中学生】情緒と自己理解の育ちを支える
松本真理子、永田雅子【編著】

第5巻　【中学生・高校生】学習・行動が気になる生徒を支える
酒井貴庸【編著】

第6巻　【大学生】大学生活の適応が気になる学生を支える
安田道子、鈴木健一【編著】

〈価格は本体価格です〉

子どもと福祉

『子どもと福祉』編集委員会 [編集]【年1回刊行】

児童福祉、児童養護、児童相談に関する様々な課題について、福祉の実践者や研究者が研究、情報交流し、成果を広く発信する。

#特集
1. 児童養護施設の小規模化でみえてきたこと
2. 「里親支援」に必要なもの
3. 一時保護所の現状と課題

シリーズ〈ピックアップ〉
※児童福祉法改正と社会的養護の課題　武藤素明氏
※家庭養護を阻害している要因は何か
　──親族委託制度化で約8年半後期的に対応できるのは20人に1人　庄司順一氏

Vol.9 July 2016
編集／『子どもと福祉』編集委員会
発行／明石書店

B5判／並製／本体価格 各1700円＋税

Vol.1	特集	児童養護施設における心理職の役割
Vol.2	特集	児童福祉施設と虐待対応
Vol.3	特集	児童養護施設の小規模化
Vol.3	特集	児童虐待防止法制定10年で見えてきたもの
Vol.4	特集	発達障害を再考する
Vol.4	特集	東日本大震災と子どもの心のケア
Vol.5	特集	施設内暴力問題
Vol.5	特集	職員が育つ・働きがいのある職場づくり
Vol.5	特集	里親委託ガイドラインを考える
Vol.5	特集	東日本大震災と子ども1年
Vol.6	特集	社会的養護の子どもの自立支援とアフターケア
Vol.6	特集	児童相談所vs市町村児童家庭相談窓口
Vol.7	特集	児童相談所と児童養護施設との連携
Vol.7	特集	児童記録の読み方・書き方・使い方
Vol.8	特集	いま、福祉現場が危ない！子どもに「伝える」ための一工夫
Vol.9	特集	児童養護施設の小規模化でみえてきたこと
Vol.9	特集	「里親支援」に必要なもの
Vol.9	特集	一時保護所の現状と課題

──以下、続刊

〈価格は本体価格です〉

児童相談所一時保護所の子どもと支援
子どもへのケアから行政評価まで
和田一郎編著
●2800円

周産期からの子ども虐待予防・ケア
保健・医療・福祉の連携と支援体制
中板育美
●2200円

子ども虐待の画像診断
エビデンスに基づく医学診断と調査・捜査のために
ポール・K・クラインマン編　小熊栄二監修　溝口史剛監訳
●30000円

自閉症スペクトラムの子どもと「通じる関係」をつくる関わり方
言葉に頼らないコミュニケーション力を育てる
牧真吉
●1800円

子ども・家族支援に役立つ面接の技とコツ
〈仕掛ける・さぐる・引き出す・支える・紡ぐ〉児童福祉臨床
宮井研治編
●2200円

知的障害・発達障害のある子どもの面接ハンドブック
犯罪・虐待被害が疑われる子どもから話を聴く技術
アン・クリスティン・セーデルボリほか著　仲真紀子・山本恒雄監訳
●2000円

性的虐待を受けた子の性的問題行動を示す子どもへの支援
児童福祉施設における生活支援と心理・医療的ケア
八木修司・岡本正子編著
●2600円

ネグレクトされた子どもへの支援
理解と対応のハンドブック
安部計彦、加藤曜子、三上邦彦編著
●2600円

子ども虐待在宅ケースの家族支援
「家族維持」を目的とした援助の実態分析
畠山由佳子
●4600円

虐待する親への支援と家族再統合
親と子の成長発達を促す「CRC親子プログラムふぁりこ」の実践
宮口智恵、河合克子
●2000円

DV・虐待にさらされた子どものトラウマを癒す
お母さんと支援者のためのガイド
ランディ・バンクロフト著　白川美也子・山崎知克監訳　阿部尚美訳
●2800円

うまくいかない関係に潜む支配の罠を見抜く
別れる？それとも　やり直す？　カップル関係に悩む女性のためのガイド
ランディ・バンクロフト、ジャク・パトリッシ著
高橋睦子、中島幸子、栄田千春、岡田仁子監訳
●2800円

DV・虐待加害者の実体を知る
あなた自身の人生を取り戻すためのガイド
ランディ・バンクロフト著　高橋睦子、中島幸子、山口のり子監訳　丸井妙子訳
●2800円

別れてもふたりで育てる
子どもを犠牲にしない離婚と養育の方法
ジョアン・ペドロ=キャロル著　佐々木光子訳
●2500円

子づれシングルと子どもたち
ひとり親家族で育つ子どもたちの生活実態
神原文子
●2500円

Q&A 親の離婚と子どもの気持ち
よりよい家族関係を築くヒント
NPO法人Wink編　新川明日菜、光本歩、新川てるえ著
●1500円

〈価格は本体価格です〉